Jean Racine

La Thébaïde ou les frères ennemis

© 2023 Culturea Editions

Texte et illustration de couverture : © domaine public
Edition : Culturea (Hérault, 34)
Contact : infos@culturea.fr
Retrouvez notre catalogue sur http://culturea.fr
Imprimé en Allemagne par Books on Demand
Design typographique : Derek Murphy
Layout : Reedsy (https://reedsy.com/)

Dépôt légal : janvier 2023
Tous droits réservés pour tous pays

ISBN : 9791041911523

Table des matières

Adresse

À Monseigneur Le duc de Saint-Aignan
Pair de France.

MONSEIGNEUR,

Je vous présente un ouvrage qui n'a peut-être rien de considérable que l'honneur de vous avoir plu. Mais véritablement cet honneur est quelque chose de si grand pour moi que, quand ma pièce ne m'aurait produit que cet avantage, je pourrais dire que son succès aurait passé mes espérances. Et que pouvais-je espérer de plus glorieux que l'approbation d'une personne qui sait donner aux choses un juste prix, et qui est lui-même l'admiration de tout le monde ? Aussi, MONSEIGNEUR, si la Thébaïde a reçu quelques applaudissements, c'est sans doute qu'on n'a pas osé démentir le jugement que vous avez donné en sa faveur ; et il semble que vous lui ayez communiqué ce don de plaire qui accompagne toutes vos actions. J'espère qu'étant dépouillée des ornements du théâtre, vous ne laisserez pas de la regarder encore favorablement. Si cela est, quelques ennemis qu'elle puisse avoir, je n'appréhende rien pour elle, puisqu'elle sera assurée d'un protecteur que le nombre des ennemis n'a pas accoutumé d'ébranler. On sait, MONSEIGNEUR, que si vous avez une parfaite connaissance des belles choses, vous n'entreprenez pas les grandes avec un courage moins élevé, et que vous avez réuni en vous ces deux excellentes qualités qui ont fait séparément tant de grands hommes. Mais je dois craindre que mes louanges ne vous soient aussi importunes que les vôtres m'ont été avantageuses : aussi bien, je ne vous dirais que des choses qui sont connues de tout le monde, et que vous seul voulez ignorer. Il suffit que vous me permettiez de vous dire, avec un profond respect, que je suis,

MONSEIGNEUR,
Votre très humble et très obéissant serviteur,

RACINE.

Préface

Le lecteur me permettra de lui demander un peu plus d'indulgence pour cette pièce que pour les autres qui la suivent ; j'étais fort jeune quand je la fis. Quelques vers que j'avais faits alors tombèrent par hasard entre les mains de quelques personnes d'esprit ; elles m'excitèrent à faire une tragédie, et me proposèrent le sujet de la Thébaïde. Ce sujet avait été autrefois traité par Rotrou, sous le nom d'*Antigone*. Mais il faisait mourir les deux frères dès le commencement de son troisième acte. Le reste était, en quelque sorte, le commencement d'une autre tragédie, où l'on entrait dans des intérêts tout nouveaux ; et il avait réuni en une seule pièce deux actions différentes, dont l'une sert de matière aux *Phéniciennes* d'Euripide, et l'autre à *l'Antigone* de Sophocle. Je compris que cette duplicité d'action avait pu nuire à sa pièce qui, d'ailleurs, était remplie de quantité de beaux endroits. Je dressai à peu près mon plan sur les *Phéniciennes* d'Euripide. Car pour la *Thébaïde* qui est dans Sénèque, je suis un peu de l'opinion d'Heinsius, et je tiens, comme lui, que non seulement ce n'est point une tragédie de Sénèque, mais que c'est plutôt l'ouvrage d'un déclamateur qui ne savait ce que c'était que tragédie.

La catastrophe de ma pièce est peut-être un peu trop sanglante. En effet, il n'y paraît presque pas un acteur qui ne meure à la fin. Mais aussi c'est la *Thébaïde*, c'est-à-dire le sujet le plus tragique de l'antiquité.

L'amour, qui a d'ordinaire tant de part dans les tragédies, n'en a presque point ici ; et je doute que je lui en donnasse davantage si c'était à recommencer, car il faudrait, ou que l'un des deux frères fût amoureux, ou tous les deux ensemble. Et quelle apparence de leur donner d'autres intérêts que ceux de cette fameuse haine qui les occupait tout entiers ? Ou bien il faut jeter l'amour sur un des seconds personnages, comme j'ai fait ; et alors cette passion, qui devient comme étrangère au sujet, ne peut produire que de médiocres effets. En un mot, je suis persuadé que les tendresses ou les jalousies des amants ne sauraient trouver que fort peu de place parmi les incestes, les parricides, et toutes les autres horreurs qui composent l'histoire d'Oedipe et de sa malheureuse famille.

Acteurs

Étéocle, roi de Thèbes.
Polynice, frère d'Étéocle.
Jocaste, mère de ces deux princes et d'Antigone.
Antigone, sœur d'Étéocle et de Polynice.
Créon, oncle des princes et de la princesse.
Hémon, fils de Créon, amant d'Antigone.
Olympe, confidente de Jocaste.
Attale, confident de Créon.
Un soldat de l'armée de Polynice.
Gardes.

La scène est à Thèbes, dans une salle du palais royal.

Acte I

Scène I

Jocaste, Olympe

Jocaste
Ils sont sortis, Olympe ? Ah ! mortelles douleurs !
Qu'un moment de repos me va coûter de pleurs !
Mes yeux depuis six mois étaient ouverts aux larmes
Et le sommeil les ferme en de telles alarmes ?
Puisse plutôt la mort les fermer pour jamais,
Et m'empêcher de voir le plus noir des forfaits !
Mais en sont-ils aux mains ?

Olympe
Du haut de la muraille
Je les ai vus déjà tous rangés en bataille ;
J'ai vu déjà le fer briller de toutes parts ;
Et pour vous avertir j'ai quitté les remparts.
J'ai vu, le fer en main, Étéocle lui-même ;
Il marche des premiers, et d'une ardeur extrême
Il montre aux plus hardis à braver le danger.

Jocaste
N'en doutons plus, Olympe, ils se vont égorger.
Que l'on coure avertir et hâter la princesse ;
Je l'attends. Juste ciel, soutenez ma faiblesse !
Il faut courir, Olympe, après ces inhumains ;
Il les faut séparer, ou mourir par leurs mains.
Nous voici donc, hélas ! à ce jour détestable
Dont la seule frayeur me rendait misérable !
Ni prière ni pleurs ne m'ont de rien servi,
Et le courroux du sort voulait être assouvi.

Ô toi, soleil, ô toi qui rends le jour au monde,
Que ne l'as-tu laissé dans une nuit profonde !
À de si noirs forfaits prêtes-tu tes rayons ?
Et peux-tu sans horreur voir ce que nous voyons ?
Mais ces monstres, hélas ! ne t'épouvantent guères :
La race de Laïus les a rendus vulgaires ;
Tu peux voir sans frayeur les crimes de mes fils,
Après ceux que le père et la mère ont commis.
Tu ne t'étonnes pas si mes fils sont perfides,
S'ils sont tous deux méchants, et s'ils sont parricides ;
Tu sais qu'ils sont sortis d'un sang incestueux,
Et tu t'étonnerais s'ils étaient vertueux.

Scène II

Jocaste, Antigone, Olympe

Jocaste
Ma fille, avez-vous su l'excès de nos misères ?

Antigone
Oui, Madame : on m'a dit la fureur de mes frères.

Jocaste
Allons, chère Antigone, et courons de ce pas
Arrêter, s'il se peut, leurs parricides bras.
Allons leur faire voir ce qu'ils ont de plus tendre ;
Voyons si contre nous ils pourront se défendre,
Ou s'ils oseront bien, dans leur noire fureur,
Répandre notre sang pour attaquer le leur.

Antigone
Madame, c'en est fait, voici le roi lui-même.

Scène III

Jocaste, Étéocle, Antigone, Olympe

Jocaste
Olympe, soutiens-moi, ma douleur est extrême.

Étéocle
Madame, qu'avez-vous ? et quel trouble...

Jocaste
Ah, mon fils !
Quelles traces de sang vois-je sur vos habits ?
Est-ce du sang d'un frère ? ou n'est-ce point du vôtre ?

Étéocle
Non, Madame, ce n'est ni de l'un ni de l'autre.
Dans son camp jusqu'ici Polynice arrêté,
Pour combattre à mes yeux ne s'est point présenté.
D'Argiens seulement une troupe hardie
M'a voulu de nos murs disputer la sortie :
J'ai fait mordre la poudre à ces audacieux,
Et leur sang est celui qui paraît à vos yeux.

Jocaste
Mais que prétendiez-vous ? et quelle ardeur soudaine
Vous a fait tout à coup descendre dans la plaine ?

Étéocle
Madame, il était temps que j'en usasse ainsi,
Et je perdais ma gloire à demeurer ici.
Le peuple, à qui la faim se faisait déjà craindre,

De mon peu de vigueur commençait à se plaindre,
Me reprochant déjà qu'il m'avait couronné,
Et que j'occupais mal le rang qu'il m'a donné.
Il le faut satisfaire ; et quoi qu'il en arrive,
Thèbes dès aujourd'hui ne sera plus captive :
Je veux, en n'y laissant aucun de mes soldats,
Qu'elle soit seulement juge de nos combats.
J'ai des forces assez pour tenir la campagne,
Et si quelque bonheur nos armes accompagne,
L'insolent Polynice et ses fiers alliés
Laisseront Thèbes libre, ou mourront à mes pieds.

Jocaste
Vous pourriez d'un tel sang, ô ciel ! souiller vos armes ?
La couronne pour vous a-t-elle tant de charmes ?
Si par un parricide il la fallait gagner,
Ah ! mon fils, à ce prix voudriez-vous régner ?
Mais il ne tient qu'à vous, si l'honneur vous anime,
De nous donner la paix sans le secours d'un crime,
Et de votre courroux triomphant aujourd'hui,
Contenter votre frère, et régner avec lui.

Étéocle
Appelez-vous régner partager ma couronne,
Et céder lâchement ce que mon droit me donne ?

Jocaste
Vous le savez, mon fils, la justice et le sang
Lui donnent, comme à vous, sa part à ce haut rang.
Oedipe, en achevant sa triste destinée,
Ordonna que chacun régnerait son année ;
Et n'ayant qu'un état à mettre sous vos lois,
Voulut que tour à tour vous fussiez tous deux rois.
À ces conditions vous daignâtes souscrire.
Le sort vous appela le premier à l'empire,
Vous montâtes au trône ; il n'en fut point jaloux ;

Et vous ne voulez pas qu'il y monte après vous !

Étéocle
Non, Madame, à l'empire il ne doit plus prétendre.
Thèbes à cet arrêt n'a point voulu se rendre ;
Et lorsque sur le trône il s'est voulu placer,
C'est elle, et non pas moi, qui l'en a su chasser.
Thèbes doit-elle moins redouter sa puissance,
Après avoir six mois senti sa violence ?
Voudrait-elle obéir à ce prince inhumain,
Qui vient d'armer contre elle et le fer et la faim ?
Prendrait-elle pour roi l'esclave de Mycène,
Qui pour tous les Thébains n'a plus que de la haine,
Qui s'est au roi d'Argos indignement soumis
Et que l'hymen attache à nos fiers ennemis ?
Lorsque le roi d'Argos l'a choisi pour son gendre,
Il espérait par lui de voir Thèbes en cendre.
L'amour eut peu de part à cet hymen honteux,
Et la seule fureur en alluma les feux.
Thèbes m'a couronné pour éviter ses chaînes,
Elle s'attend par moi de voir finir ses peines.
Il la faut accuser si je manque de foi ;
Et je suis son captif, je ne suis pas son roi.

Jocaste
Dites, dites plutôt, cœur ingrat et farouche,
Qu'auprès du diadème il n'est rien qui vous touche.
Mais je me trompe encor : ce rang ne vous plaît pas,
Et le crime tout seul a pour vous des appas.
Eh bien ! puisqu'à ce point vous en êtes avide,
Je vous offre à commettre un double parricide :
Versez le sang d'un frère ; et si c'est peu du sien,
Je vous invite encore à répandre le mien.
Vous n'aurez plus alors d'ennemis à soumettre,
D'obstacle à surmonter, ni de crime à commettre,
Et n'ayant plus au trône un fâcheux concurrent,

De tous les criminels vous serez le plus grand.

Étéocle
Eh bien, Madame, eh bien ! il faut vous satisfaire ;
Il faut sortir du trône et couronner mon frère ;
Il faut, pour seconder votre injuste projet,
De son roi que j'étais devenir son sujet,
Et pour vous élever au comble de la joie,
Il faut à sa fureur que je me livre en proie ;
Il faut par mon trépas...

Jocaste
Ah ciel ! quelle rigueur !
Que vous pénétrez mal dans le fond de mon cœur !
Je ne demande pas que vous quittiez l'empire :
Régnez toujours, mon fils, c'est ce que je désire.
Mais si tant de malheurs vous touchent de pitié,
Si pour moi votre cœur garde quelque amitié,
Et si vous prenez soin de votre gloire même,
Associez un frère à cet honneur suprême.
Ce n'est qu'un vain éclat qu'il recevra de vous ;
Votre règne en sera plus puissant et plus doux.
Les peuples, admirant cette vertu sublime,
Voudront toujours pour prince un roi si magnanime,
Et cet illustre effort, loin d'affaiblir vos droits,
Vous rendra le plus juste et le plus grand des rois.
Ou s'il faut que mes vœux vous trouvent inflexible,
Si la paix à ce prix vous paraît impossible,
Et si le diadème a pour vous tant d'attraits,
Au moins consolez-moi de quelque heure de paix.
Accordez cette grâce aux larmes d'une mère,
Et cependant, mon fils, j'irai voir votre frère.
La pitié dans son âme aura peut-être lieu,
Ou du moins pour jamais j'irai lui dire adieu.
Dès ce même moment permettez que je sorte :
J'irai jusqu'à sa tente, et j'irai sans escorte ;

Par mes justes soupirs j'espère l'émouvoir.

Étéocle
Madame, sans sortir vous le pouvez revoir ;
Et si cette entrevue a pour vous tant de charmes,
Il ne tiendra qu'à lui de suspendre nos armes.
Vous pouvez dès cette heure accomplir vos souhaits
Et le faire venir jusque dans ce palais,
J'irai plus loin encore ; et pour faire connaître
Qu'il a tort en effet de me nommer un traître,
Et que je ne suis pas un tyran odieux,
Que l'on fasse parler et le peuple et les dieux.
Si le peuple y consent, je lui cède ma place ;
Mais qu'il se rende enfin, si le peuple le chasse.
Je ne force personne, et j'engage ma foi
De laisser aux Thébains à se choisir un roi.

Scène IV

Jocaste, Étéocle, Antigone, Créon, Olympe

Créon
Seigneur, votre sortie a mis tout en alarmes :
Thèbes, qui croit vous perdre, est déjà toute en larmes ;
L'épouvante et l'horreur règnent de toutes parts,
Et le peuple effrayé tremble sur ses remparts.

Étéocle
Cette vaine frayeur sera bientôt calmée,
Madame, je m'en vais retrouver mon armée ;
Cependant vous pouvez accomplir vos souhaits,
Faire entrer Polynice et lui parler de paix.
Créon, la reine ici commande en mon absence :
Disposez tout le monde à son obéissance.
Laissez, pour recevoir et pour donner ses lois,
Votre fils Ménécée, et j'en ai fait le choix ;
Comme il a de l'honneur autant que de courage,
Ce choix aux ennemis ôtera tout ombrage,
Et sa vertu suffit pour les rendre assurés.
Commandez-lui, Madame.
(À Créon)
Et vous, vous me suivrez.

Créon
Quoi ? Seigneur, ...

Étéocle
Oui, Créon, la chose est résolue.

Créon
Et vous quittez ainsi la puissance absolue ?

Étéocle
Que je la quitte ou non, ne vous tourmentez pas ;
Faites ce que j'ordonne, et venez sur mes pas.

Scène V

Jocaste, Antigone, Créon,

Créon
Qu'avez-vous fait, Madame ? et par quelle conduite
Forcez-vous un vainqueur à prendre ainsi la fuite ?
Ce conseil va tout perdre.

Jocaste
Il va tout conserver ;
Et par ce seul conseil Thèbes se peut sauver.

Créon
Eh quoi, Madame, eh quoi ? dans l'état où nous sommes,
Lorsqu'avec un renfort de plus de six mille hommes
La fortune promet toute chose aux Thébains,
Le roi se laisse ôter la victoire des mains ?

Jocaste
La victoire, Créon, n'est pas toujours si belle ;
La honte et les remords vont souvent après elle.
Quand deux frères armés vont s'égorger entre eux,
Ne les pas séparer, c'est les perdre tous deux.
Peut-on faire au vainqueur une injure plus noire,
Que lui laisser gagner une telle victoire ?

Créon
Leur courroux est trop grand...

Jocaste
Il peut être adouci.

Créon
Tous deux veulent régner.

Jocaste
Ils règneront aussi.

Créon
On ne partage point la grandeur souveraine ;
Et ce n'est pas un bien qu'on quitte et qu'on reprenne.

Jocaste
L'intérêt de l'État leur servira de loi.

Créon
L'intérêt de l'État est de n'avoir qu'un roi,
Qui d'un ordre constant gouvernant ses provinces,
Accoutume à ses lois et le peuple et les princes.
Ce règne interrompu de deux rois différents,
En lui donnant deux rois lui donne deux tyrans.
Par un ordre, souvent l'un à l'autre contraire,
Un frère détruirait ce qu'aurait fait un frère ;
Vous les verriez toujours former quelque attentat,
Et changer tous les ans la face de l'État.
Ce terme limité que l'on veut leur prescrire
Accroît leur violence en bornant leur empire.
Tous deux feront gémir les peuples tour à tour,
Pareils à ces torrents qui ne durent qu'un jour :
Plus leur cours est borné, plus ils font de ravage,
Et d'horribles dégâts signalent leur passage.

Jocaste
On les verrait plutôt, par de nobles projets,
Se disputer tous deux l'amour de leurs sujets.
Mais avouez, Créon, que toute votre peine
C'est de voir que la paix rend votre attente vaine,

Qu'elle assure à mes fils le trône où vous tendez,
Et va rompre le piège où vous les attendez.
Comme, après leur trépas, le droit de la naissance
Fait tomber en vos mains la suprême puissance,
Le sang qui vous unit aux deux princes mes fils
Vous fait trouver en eux vos plus grands ennemis ;
Et votre ambition, qui tend à leur fortune,
Vous donne pour tous deux une haine commune.
Vous inspirez au roi vos conseils dangereux,
Et vous en servez un pour les perdre tous deux.

Créon

Je ne me repais point de pareilles chimères.
Mes respects pour le roi sont ardents et sincères,
Et mon ambition est de le maintenir
Au trône où vous croyez que je veux parvenir.
Le soin de sa grandeur est le seul qui m'anime ;
Je hais ses ennemis, et c'est là tout mon crime :
Je ne m'en cache point. Mais à ce que je vois,
Chacun n'est pas ici criminel comme moi.

Jocaste

Je suis mère, Créon, et si j'aime son frère,
La personne du roi ne m'en est pas moins chère.
De lâches courtisans peuvent bien le haïr,
Mais une mère enfin ne peut pas se trahir.

Antigone

Vos intérêts ici sont conformes aux nôtres,
Les ennemis du roi ne sont pas tous les vôtres ;
Créon, vous êtes père, et dans ces ennemis,
Peut-être songez-vous que vous avez un fils.
On sait de quelle ardeur Hémon sert Polynice.

Créon

Oui, je le sais, Madame, et je lui fais justice ;

Je le dois, en effet, distinguer du commun,
Mais c'est pour le haïr encor plus que pas un.
Et je souhaiterais, dans ma juste colère,
Que chacun le haït comme le hait son père.

Antigone
Après tout ce qu'a fait la valeur de son bras,
Tout le monde en ce point ne vous ressemble pas.

Créon
Je le vois bien, Madame, et c'est ce qui m'afflige ;
Mais je sais bien à quoi sa révolte m'oblige ;
Et tous ces beaux exploits qui le font admirer,
C'est ce qui me le fait justement abhorrer.
La honte suit toujours le parti des rebelles ;
Leurs grandes actions sont les plus criminelles,
Ils signalent leur crime en signalant leur bras,
Et la gloire n'est point où les rois ne sont pas.

Antigone
Écoutez un peu mieux la voix de la nature.

Créon
Plus l'offenseur m'est cher, plus je ressens l'injure.

Antigone
Mais un père à ce point doit-il être emporté ?
Vous avez trop de haine.

Créon
Et vous trop de bonté.
C'est trop parler, Madame, en faveur d'un rebelle.

Antigone
L'innocence vaut bien que l'on parle pour elle.

Créon
Je sais ce qui le rend innocent à vos yeux.

Antigone
Et je sais quel sujet vous le rend odieux.

Créon
L'amour a d'autres yeux que le commun des hommes.

Jocaste
Vous abusez, Créon, de l'état où nous sommes ;
Tout vous semble permis ; mais craignez mon courroux :
Vos libertés enfin retomberaient sur vous.

Antigone
L'intérêt du public agit peu sur son âme,
Et l'amour du pays nous cache une autre flamme.
Je la sais ; mais, Créon, j'en abhorre le cours,
Et vous ferez bien mieux de la cacher toujours.

Créon
Je le ferai, Madame, et je veux par avance
Vous épargner encor jusques à ma présence.
Aussi bien mes respects redoublent vos mépris,
Et je vais faire place à ce bienheureux fils.
Le roi m'appelle ailleurs, il faut que j'obéisse.
Adieu. Faites venir Hémon et Polynice.

Jocaste
N'en doute pas, méchant, ils vont venir tous deux ;
Tous deux ils préviendront tes desseins malheureux.

Scène VI

Jocaste, Antigone, Olympe

Antigone
Le perfide ! À quel point son insolence monte !

Jocaste
Ses superbes discours tourneront à sa honte.
Bientôt, si nos désirs sont exaucés des cieux,
La paix nous vengera de cet ambitieux.
Mais il faut se hâter, chaque heure nous est chère :
Appelons promptement Hémon et votre frère ;
Je suis pour ce dessein prête à leur accorder
Toutes les sûretés qu'ils pourront demander.
Et toi, si mes malheurs ont lassé ta justice,
Ciel, dispose à la paix le cœur de Polynice,
Seconde mes soupirs, donne force à mes pleurs,
Et comme il faut enfin fais parler mes douleurs.

Antigone*, demeurant un peu après sa mère.*
Et si tu prends pitié d'une flamme innocente,
Ô ciel, en ramenant Hémon à son amante,
Ramène-le fidèle, et permets en ce jour
Qu'en retrouvant l'amant je retrouve l'amour.

Acte II

Scène I

Antigone, Hémon

Hémon
Quoi, vous me refusez votre aimable présence,
Après un an entier de supplice et d'absence ?
Ne m'avez-vous, Madame, appelé près de vous,
Que pour m'ôter sitôt un bien qui m'est si doux ?

Antigone
Et voulez-vous sitôt que j'abandonne un frère ?
Ne dois-je pas au temple accompagner ma mère ?
Et dois-je préférer, au gré de vos souhaits,
Le soin de votre amour à celui de la paix ?

Hémon
Madame, à mon bonheur c'est chercher trop d'obstacles ;
Ils iront bien sans nous consulter les oracles.
Permettez que mon cœur, en voyant vos beaux yeux,
De l'état de son sort interroge ses dieux.
Puis-je leur demander, sans être téméraire,
S'ils ont toujours pour moi leur douceur ordinaire ?
Souffrent-ils sans courroux mon ardente amitié ?
Et du mal qu'ils ont fait ont-ils quelque pitié ?
Durant le triste cours d'une absence cruelle,
Avez-vous souhaité que je fusse fidèle ?
Songiez-vous que la mort menaçait loin de vous
Un amant qui ne doit mourir qu'à vos genoux ?
Ah ! d'un si bel objet quand une âme est blessée,
Quand un cœur jusqu'à vous élève sa pensée,
Qu'il est doux d'adorer tant de divins appas !

Mais aussi que l'on souffre en ne les voyant pas !
Un moment loin de vous me durait une année ;
J'aurais fini cent fois ma triste destinée,
Si je n'eusse songé jusques à mon retour
Que mon éloignement vous prouvait mon amour,
Et que le souvenir de mon obéissance
Pourrait en ma faveur parler en mon absence ;
Et que pensant à moi vous penseriez aussi
Qu'il faut aimer beaucoup pour obéir ainsi.

Antigone
Oui, je l'avais bien cru qu'une âme si fidèle
Trouverait dans l'absence une peine cruelle ;
Et si mes sentiments se doivent découvrir,
Je souhaitais, Hémon, qu'elle vous fît souffrir,
Et qu'étant loin de moi, quelque ombre d'amertume
Vous fît trouver les jours plus longs que de coutume.
Mais ne vous plaignez pas : mon cœur chargé d'ennui
Ne vous souhaitait rien qu'il n'éprouvât en lui ;
Surtout depuis le temps que dure cette guerre,
Et que de gens armés vous couvrez cette terre.
Ô dieux ! à quels tourments mon cœur s'est vu soumis,
Voyant des deux côtés ses plus tendres amis !
Mille objets de douleur déchiraient mes entrailles ;
J'en voyais et dehors et dedans nos murailles ;
Chaque assaut à mon cœur livrait mille combats,
Et mille fois le jour je souffrais le trépas.

Hémon
Mais enfin qu'ai-je fait, en ce malheur extrême,
Que ne m'ait ordonné ma princesse elle-même ?
J'ai suivi Polynice, et vous l'avez voulu :
Vous me l'avez prescrit par un ordre absolu.
Je lui vouai dès lors une amitié sincère ;
Je quittai mon pays, j'abandonnai mon père ;
Sur moi par ce départ j'attirai son courroux ;

Et pour tout dire enfin, je m'éloignai de vous.

Antigone
Je m'en souviens, Hémon, et je vous fais justice :
C'est moi que vous serviez en servant Polynice ;
Il m'était cher alors comme il l'est aujourd'hui,
Et je prenais pour moi ce qu'on faisait pour lui.
Nous nous aimions tous deux dès la plus tendre enfance,
Et j'avais sur son cœur une entière puissance ;
Je trouvais à lui plaire une extrême douceur,
Et les chagrins du frère étaient ceux de la sœur.
Ah ! si j'avais encor sur lui le même empire,
Il aimerait la paix, pour qui mon cœur soupire.
Notre commun malheur en serait adouci :
Je le verrais, Hémon ; vous me verriez aussi !

Hémon
De cette affreuse guerre il abhorre l'image.
Je l'ai vu soupirer de douleur et de rage,
Lorsque, pour remonter au trône paternel,
On le força de prendre un chemin si cruel.
Espérons que le ciel, touché de nos misères,
Achèvera bientôt de réunir les frères.
Puisse-t-il rétablir l'amitié dans leur cœur,
Et conserver l'amour dans celui de la sœur !

Antigone
Hélas ! ne doutez point que ce dernier ouvrage
Ne lui soit plus aisé que de calmer leur rage.
Je les connais tous deux, et je répondrais bien
Que leur cœur, cher Hémon, est plus dur que le mien.
Mais les dieux quelquefois font de plus grands miracles.

Scène II

Antigone, Hémon, Olympe

Antigone
Eh bien ! apprendrons-nous ce qu'ont dit les oracles ?
Que faut-il faire ?

Olympe
Hélas !

Antigone
Quoi ? qu'en a-t-on appris ?
Est-ce la guerre, Olympe ?

Olympe
Ah ! c'est encore pis !

Hémon
Quel est donc ce grand mal que leur courroux annonce ?

Olympe
Prince, pour en juger, écoutez leur réponse :
Thébains, pour n'avoir plus de guerres,
Il faut, par un ordre fatal,
Que le dernier du sang royal
Par son trépas ensanglante vos terres.

Antigone
Ô dieux, que vous a fait ce sang infortuné ?
Et pourquoi tout entier l'avez-vous condamné ?
N'êtes-vous pas contents de la mort de mon père ?

Tout notre sang doit-il sentir votre colère ?

Hémon
Madame, cet arrêt ne vous regarde pas ;
Votre vertu vous met à couvert du trépas :
Les dieux savent trop bien connaître l'innocence.

Antigone
Et ce n'est pas pour moi que je crains leur vengeance :
Mon innocence, Hémon, serait un faible appui ;
Fille d'Oedipe, il faut que je meure pour lui.
Je l'attends, cette mort, et je l'attends sans plainte ;
Et s'il faut avouer le sujet de ma crainte,
C'est pour vous que je crains : oui, cher Hémon, pour vous,
De ce sang malheureux vous sortez comme nous ;
Et je ne vois que trop que le courroux céleste
Vous rendra, comme à nous, cet honneur bien funeste,
Et fera regretter aux princes des Thébains
De n'être pas sortis du dernier des humains.

Hémon
Peut-on se repentir d'un si grand avantage ?
Un si noble trépas flatte trop mon courage,
Et du sang de ses rois il est beau d'être issu,
Dût-on rendre ce sang sitôt qu'on l'a reçu.

Antigone
Eh quoi ! si parmi nous on a fait quelque offense,
Le ciel doit-il sur vous en prendre la vengeance ?
Et n'est-ce pas assez du père et des enfants,
Sans qu'il aille plus loin chercher des innocents ?
C'est à nous à payer pour les crimes des nôtres :
Punissez-nous, grands dieux ; mais épargnez les autres.
Mon père, cher Hémon, vous va perdre aujourd'hui,
Et je vous perds peut-être encore plus que lui.
Le ciel punit sur vous et sur votre famille

Et les crimes du père et l'amour de la fille ;
Et ce funeste amour vous nuit encore plus
Que les crimes d'Oedipe et le sang de Laïus.

Hémon
Quoi ? mon amour, Madame ? Et qu'a-t-il de funeste ?
Est-ce un crime qu'aimer une beauté céleste ?
Et puisque sans colère il est reçu de vous,
En quoi peut-il du ciel mériter le courroux ?
Vous seule en mes soupirs êtes intéressée :
C'est à vous à juger s'ils vous ont offensée ;
Tels que seront pour eux vos arrêts tout-puissants,
Ils seront criminels, ou seront innocents.
Que le ciel à son gré de ma perte dispose,
J'en chérirai toujours et l'une et l'autre cause,
Glorieux de mourir pour le sang de mes rois,
Et plus heureux encor de mourir sous vos lois.
Aussi bien que ferais-je en ce commun naufrage ?
Pourrais-je me résoudre à vivre davantage ?
En vain les dieux voudraient différer mon trépas,
Mon désespoir ferait ce qu'ils ne feraient pas.
Mais peut-être, après tout, notre frayeur est vaine ;
Attendons... Mais voici Polynice et la reine.

Scène III

Jocaste, Polynice, Antigone, Hémon

Polynice
Madame, au nom des dieux, cessez de m'arrêter :
Je vois bien que la paix ne peut s'exécuter.
J'espérais que du ciel la justice infinie
Voudrait se déclarer contre la tyrannie,
Et que lassé de voir répandre tant de sang,
Il rendrait à chacun son légitime rang.
Mais puisque ouvertement il tient pour l'injustice,
Et que des criminels il se rend le complice,
Dois-je encore espérer qu'un peuple révolté,
Quand le ciel est injuste, écoute l'équité ?
Dois-je prendre pour juge une troupe insolente,
D'un fier usurpateur ministre violente,
Qui sert mon ennemi par un lâche intérêt,
Et qu'il anime encor, tout éloigné qu'il est ?
La raison n'agit point sur une populace.
De ce peuple déjà j'ai ressenti l'audace,
Et loin de me reprendre après m'avoir chassé,
Il croit voir un tyran dans un prince offensé.
Comme sur lui l'honneur n'eut jamais de puissance,
Il croit que tout le monde aspire à la vengeance ;
De ses inimitiés rien n'arrête le cours :
Quand il hait une fois, il veut haïr toujours.

Jocaste
Mais s'il est vrai, mon fils, que ce peuple vous craigne,
Et que tous les Thébains redoutent votre règne,
Pourquoi par tant de sang cherchez-vous à régner

Sur ce peuple endurci que rien ne peut gagner ?

Polynice
Est-ce au peuple, Madame, à se choisir un maître ?
Sitôt qu'il hait un roi, doit-on cesser de l'être ?
Sa haine ou son amour, sont-ce les premiers droits
Qui font monter au trône ou descendre les rois ?
Que le peuple à son gré nous craigne ou nous chérisse,
Le sang nous met au trône, et non pas son caprice.
Ce que le sang lui donne, il le doit accepter,
Et s'il n'aime son prince, il le doit respecter.

Jocaste
Vous serez un tyran haï de vos provinces.

Polynice
Ce nom ne convient pas aux légitimes princes ;
De ce titre odieux mes droits me sont garants ;
La haine des sujets ne fait pas les tyrans.
Appelez de ce nom Étéocle lui-même.

Jocaste
Il est aimé de tous.

Polynice
C'est un tyran qu'on aime,
Qui par cent lâchetés tâche à se maintenir
Au rang où par la force il a su parvenir ;
Et son orgueil le rend, par un effet contraire,
Esclave de son peuple et tyran de son frère.
Pour commander tout seul il veut bien obéir,
Et se fait mépriser pour me faire haïr.
Ce n'est pas sans sujet qu'on me préfère un traître :
Le peuple aime un esclave et craint d'avoir un maître.
Mais je croirais trahir la majesté des rois,
Si je faisais le peuple arbitre de mes droits.

Jocaste
Ainsi donc la discorde a pour vous tant de charmes ?
Vous lassez-vous déjà d'avoir posé les armes ?
Ne cesserons-nous point, après tant de malheurs,
Vous, de verser du sang, moi, de verser des pleurs ?
N'accorderez-vous rien aux larmes d'une mère ?
Ma fille, s'il se peut, retenez votre frère :
Le cruel pour vous seule avait de l'amitié.

Antigone
Ah ! si pour vous son âme est sourde à la pitié,
Que pourrais-je espérer d'une amitié passée,
Qu'un long éloignement n'a que trop effacée ?
À peine en sa mémoire ai-je encor quelque rang ;
Il n'aime, il ne se plaît qu'à répandre du sang.
Ne cherchez plus en lui ce prince magnanime,
Ce prince qui montrait tant d'horreur pour le crime,
Dont l'âme généreuse avait tant de douceur,
Qui respectait sa mère et chérissait sa sœur.
La nature pour lui n'est plus qu'une chimère ;
Il méconnaît sa sœur, il méprise sa mère,
Et l'ingrat, en l'état où son orgueil l'a mis,
Nous croit des étrangers, ou bien des ennemis.

Polynice
N'imputez point ce crime à mon âme affligée ;
Dites plutôt, ma sœur, que vous êtes changée,
Dites que de mon rang l'injuste usurpateur
M'a su ravir encor l'amitié de ma sœur.
Je vous connais toujours et suis toujours le même.

Antigone
Est-ce m'aimer, cruel, autant que je vous aime,
Que d'être inexorable à mes tristes soupirs,
Et m'exposer encore à tant de déplaisirs ?

Polynice
Mais vous-même, ma sœur, est-ce aimer votre frère
Que de lui faire ici cette injuste prière,
Et me vouloir ravir le sceptre de la main ?
Dieux ! qu'est-ce qu'Étéocle a de plus inhumain ?
C'est trop favoriser un tyran qui m'outrage.

Antigone
Non, non, vos intérêts me touchent davantage.
Ne croyez pas mes pleurs perfides à ce point ;
Avec vos ennemis ils ne conspirent point.
Cette paix que je veux me serait un supplice,
S'il en devait coûter le sceptre à Polynice ;
Et l'unique faveur, mon frère, où je prétends,
C'est qu'il me soit permis de vous voir plus longtemps.
Seulement quelques jours souffrez que l'on vous voie,
Et donnez-nous le temps de chercher quelque voie
Qui puisse vous remettre au rang de vos aïeux,
Sans que vous répandiez un sang si précieux.
Pouvez-vous refuser cette grâce légère
Aux larmes d'une sœur, aux soupirs d'une mère ?

Jocaste
Mais quelle crainte encor vous peut inquiéter ?
Pourquoi si promptement voulez-vous nous quitter ?
Quoi ? ce jour tout entier n'est-il pas de la trêve ?
Dès qu'elle a commencé, faut-il qu'elle s'achève ?
Vous voyez qu'Étéocle a mis les armes bas ;
Il veut que je vous voie, et vous ne voulez pas.

Antigone
Oui, mon frère, il n'est pas comme vous inflexible :
Aux larmes de sa mère il a paru sensible ;
Nos pleurs ont désarmé sa colère aujourd'hui.
Vous l'appelez cruel, vous l'êtes plus que lui.

Hémon

Seigneur, rien ne vous presse, et vous pouvez sans peine
Laisser agir encor la princesse et la reine :
Accordez tout ce jour à leur pressant désir ;
Voyons si leur dessein ne pourra réussir.
Ne donnez pas la joie au prince votre frère
De dire que sans vous la paix se pouvait faire.
Vous aurez satisfait une mère, une sœur,
Et vous aurez surtout satisfait votre honneur.
Mais que veut ce soldat ? Son âme est toute émue !

Scène IV

Jocaste, Polynice, Antigone, Hémon, un soldat

Le soldat
Seigneur, on est aux mains, et la trêve est rompue !
Créon et les Thébains, par ordre de leur roi,
Attaquent votre armée et violent leur foi.
Le brave Hippomédon s'efforce, en votre absence,
De soutenir leur choc de toute sa puissance.
Par son ordre, Seigneur, je vous viens avertir.

Polynice
Ah ! les traîtres ! Allons, Hémon, il faut sortir.
(À la reine.)
Madame, vous voyez comme il tient sa parole :
Mais il veut le combat, il m'attaque, et j'y vole.

Jocaste
Polynice ! Mon fils !... Mais il ne m'entend plus :
Aussi bien que mes pleurs mes cris sont superflus.
Chère Antigone, allez, courez à ce barbare
Du moins allez prier Hémon qu'il les sépare.
La force m'abandonne et je n'y puis courir ;
Tout ce que je puis faire, hélas ! c'est de mourir.

Acte III

Scène I

Jocaste, Olympe

Jocaste
Olympe, va-t'en voir ce funeste spectacle ;
Va voir si leur fureur n'a point trouvé d'obstacle,
Si rien n'a pu toucher l'un ou l'autre parti.
On dit qu'à ce dessein Ménécée est sorti.

Olympe
Je ne sais quel dessein animait son courage ;
Une héroïque ardeur brillait sur son visage.
Mais vous devez, Madame, espérer jusqu'au bout.

Jocaste
Va tout voir, chère Olympe, et me viens dire tout.
Éclaircis promptement ma triste inquiétude.

Olympe
Mais vous dois-je laisser en cette solitude ?

Jocaste
Va : je veux être seule en l'état où je suis,
Si toutefois on peut l'être avec tant d'ennuis !

Scène II

Jocaste

Dureront-ils toujours ces ennuis si funestes ?
N'épuiseront-ils point les vengeances célestes ?
Me feront-ils souffrir tant de cruels trépas,
Sans jamais au tombeau précipiter mes pas ?
Ô ciel, que tes rigueurs seraient peu redoutables
Si la foudre d'abord accablait les coupables !
Et que tes châtiments paraissent infinis,
Quand tu laisses la vie à ceux que tu punis !
Tu ne l'ignores pas, depuis le jour infâme
Où de mon propre fils je me trouvai la femme,
Le moindre des tourments que mon cœur a soufferts
Égale tous les maux que l'on souffre aux enfers.
Et toutefois, ô dieux, un crime involontaire
Devait-il attirer toute votre colère ?
Le connaissais-je, hélas ! ce fils infortuné ?
Vous-mêmes dans mes bras vous l'avez amené.
C'est vous dont la rigueur m'ouvrit ce précipice.
Voilà de ces grands dieux la suprême justice !
Jusques au bord du crime ils conduisent nos pas,
Ils nous le font commettre, et ne l'excusent pas !
Prennent-ils donc plaisir à faire des coupables,
Afin d'en faire après d'illustres misérables ?
Et ne peuvent-ils point, quand ils sont en courroux,
Chercher des criminels à qui le crime est doux ?

Scène III

Jocaste, Antigone

Jocaste
Eh bien ! en est-ce fait ? L'un ou l'autre perfide
Vient-il d'exécuter son noble parricide ?
Parlez, parlez, ma fille.

Antigone
Ah ! Madame, en effet,
L'oracle est accompli, le ciel est satisfait.

Jocaste
Quoi ? mes deux fils sont morts !

Antigone
Un autre sang, Madame,
Rend la paix à l'État, et le calme à votre âme ;
Un sang digne des rois dont il est découlé,
Un héros pour l'État s'est lui-même immolé.
Je courais pour fléchir Hémon et Polynice ;
Ils étaient déjà loin, avant que je sortisse,
Ils ne m'entendaient plus et mes cris douloureux
Vainement par leur nom les rappelaient tous deux.
Ils ont tous deux volé vers le champ de bataille,
Et moi, je suis montée au haut de la muraille,
D'où le peuple étonné regardait, comme moi,
L'approche d'un combat qui le glaçait d'effroi.
À cet instant fatal, le dernier de nos princes,
L'honneur de notre sang, l'espoir de nos provinces,
Ménécée, en un mot, digne frère d'Hémon,

Et trop indigne aussi d'être fils de Créon,
De l'amour du pays montrant son âme atteinte,
Au milieu des deux camps s'est avancé sans crainte,
Et se faisant ouïr des Grecs et des Thébains :
« *Arrêtez*, a-t-il dit, *arrêtez, inhumains !* »
Ces mots impérieux n'ont point trouvé d'obstacle :
Les soldats, étonnés de ce nouveau spectacle,
De leur noire fureur ont suspendu le cours ;
Et ce prince aussitôt poursuivant son discours :
« *Apprenez*, a-t-il dit, *l'arrêt des destinées,*
Par qui vous allez voir vos misères bornées.
Je suis le dernier sang de vos rois descendu,
Qui par l'ordre des dieux doit être répandu.
Recevez donc ce sang que ma main va répandre ;
Et recevez la paix où vous n'osiez prétendre ».
Il se tait, et se frappe en achevant ces mots ;
Et les Thébains, voyant expirer ce héros,
Comme si leur salut devenait leur supplice,
Regardent en tremblant ce noble sacrifice.
J'ai vu le triste Hémon abandonner son rang
Pour venir embrasser ce frère tout en sang.
Créon, à son exemple, a jeté bas les armes
Et vers ce fils mourant est venu tout en larmes ;
Et l'un et l'autre camp, les voyant retirés,
Ont quitté le combat et se sont séparés.
Et moi, le cœur tremblant et l'âme toute émue,
D'un si funeste objet j'ai détourné la vue,
De ce prince admirant l'héroïque fureur.

Jocaste
Comme vous je l'admire, et j'en frémis d'horreur.
Est-il possible, ô dieux, qu'après ce grand miracle
Le repos des Thébains trouve encor quelque obstacle ?
Cet illustre trépas ne peut-il vous calmer,
Puisque même mes fils s'en laissent désarmer ?
La refuserez-vous, cette noble victime ?

Si la vertu vous touche autant que fait le crime,
Si vous donnez les prix comme vous punissez,
Quels crimes par ce sang ne seront effacés ?

Antigone
Oui, oui, cette vertu sera récompensée ;
Les dieux sont trop payés du sang de Ménécée ;
Et le sang d'un héros, auprès des immortels,
Vaut seul plus que celui de mille criminels.

Jocaste
Connaissez mieux du ciel la vengeance fatale :
Toujours à ma douleur il met quelque intervalle,
Mais, hélas ! quand sa main semble me secourir,
C'est alors qu'il s'apprête à me faire périr.
Il a mis cette nuit quelque fin à mes larmes,
Afin qu'à mon réveil je visse tout en armes.
S'il me flatte aussitôt de quelque espoir de paix,
Un oracle cruel me l'ôte pour jamais.
Il m'amène mon fils, il veut que je le voie,
Mais, hélas ! combien cher me vend-il cette joie !
Ce fils est insensible et ne m'écoute pas ;
Et soudain il me l'ôte et l'engage aux combats.
Ainsi, toujours cruel, et toujours en colère,
Il fcint de s'apaiser, et devient plus sévère :
Il n'interrompt ses coups que pour les redoubler,
Et retire son bras pour me mieux accabler.

Antigone
Madame, espérons tout de ce dernier miracle.

Jocaste
La haine de mes fils est un trop grand obstacle.
Polynice endurci n'écoute que ses droits ;
Du peuple et de Créon l'autre écoute la voix,
Oui, du lâche Créon ! Cette âme intéressée

Nous ravit tout le fruit du sang de Ménécée ;
En vain pour nous sauver ce grand prince se perd,
Le père nous nuit plus que le fils ne nous sert.
De deux jeunes héros cet infidèle père...

Antigone
Ah ! le voici, Madame, avec le roi mon frère.

Scène IV

Jocaste, Étéocle, Antigone, Créon

Jocaste
Mon fils, c'est donc ainsi que l'on garde sa foi ?

Étéocle
Madame, ce combat n'est point venu de moi,
Mais de quelques soldats, tant d'Argos que des nôtres,
Qui s'étant querellés les uns avec les autres,
Ont insensiblement tout le corps ébranlé,
Et fait un grand combat d'un simple démêlé.
La bataille sans doute allait être cruelle,
Et son événement vidait notre querelle,
Quand du fils de Créon l'héroïque trépas
De tous les combattants a retenu le bras.
Ce prince, le dernier de la race royale,
S'est appliqué des dieux la réponse fatale ;
Et lui-même à la mort il s'est précipité,
De l'amour du pays noblement transporté.

Jocaste
Ah ! si le seul amour qu'il eût pour sa patrie
Le rendit insensible aux douceurs de la vie,
Mon fils, ce même amour ne peut-il seulement
De votre ambition vaincre l'emportement ?
Un exemple si beau vous invite à le suivre.
Il ne faudra cesser de régner ni de vivre :
Vous pouvez, en cédant un peu de votre rang,
Faire plus qu'il n'a fait en versant tout son sang ;
Il ne faut que cesser de haïr votre frère,

Vous ferez beaucoup plus que sa mort n'a su faire.
Ô dieux ! aimer un frère est-ce un plus grand effort
Que de haïr la vie et courir à la mort ?
Et doit-il être enfin plus facile en un autre
De répandre son sang, qu'en vous d'aimer le vôtre ?

Étéocle
Son illustre vertu me charme comme vous,
Et d'un si beau trépas je suis même jaloux.
Et toutefois, Madame, il faut que je vous die
Qu'un trône est plus pénible à quitter que la vie :
La gloire bien souvent nous porte à la haïr,
Mais peu de souverains font gloire d'obéir.
Les dieux voulaient son sang, et ce prince sans crime
Ne pouvait à l'État refuser sa victime ;
Mais ce même pays qui demandait son sang
Demande que je règne et m'attache à mon rang,
Jusqu'à ce qu'il m'en ôte, il faut que j'y demeure :
Il n'a qu'à prononcer, j'obéirai sur l'heure,
Et Thèbes me verra, pour apaiser son sort,
Et descendre du trône, et courir à la mort.

Créon
Ah ! Ménécée est mort, le ciel n'en veut point d'autre.
Laissez coulez son sang sans y mêler le vôtre ;
Et puisqu'il l'a versé pour nous donner la paix,
Accordez-la, Seigneur, à nos justes souhaits.

Étéocle
Eh quoi ? même Créon pour la paix se déclare ?

Créon
Pour avoir trop aimé cette guerre barbare,
Vous voyez les malheurs où le ciel m'a plongé :
Mon fils est mort, Seigneur.

Étéocle
Il faut qu'il soit vengé.

Créon
Sur qui me vengerais-je en ce malheur extrême ?

Étéocle
Vos ennemis, Créon, sont ceux de Thèbes même ;
Vengez-la, vengez-vous.

Créon
Ah ! dans ses ennemis
Je trouve votre frère, et je trouve mon fils !
Dois-je verser mon sang, ou répandre le vôtre ?
Et dois-je perdre un fils pour en venger un autre ?
Seigneur, mon sang m'est cher, le vôtre m'est sacré :
Serai-je sacrilège ou bien dénaturé ?
Souillerai-je ma main d'un sang que je révère ?
Serai-je parricide afin d'être bon père ?
Un si cruel secours ne me peut soulager,
Et ce serait me perdre au lieu de me venger.
Tout le soulagement où ma douleur aspire,
C'est qu'au moins mes malheurs servent à votre empire.
Je me consolerai, si ce fils que je plains
Assure par sa mort le repos des Thébains.
Le ciel promet la paix au sang de Ménécée ;
Achevez-la, Seigneur, mon fils l'a commencée ;
Accordez-lui ce prix qu'il en a prétendu,
Et que son sang en vain ne soit pas répandu.

Jocaste
Non, puisqu'à nos malheurs vous devenez sensible,
Au sang de Ménécée il n'est rien d'impossible,
Que Thèbes se rassure après ce grand effort :
Puisqu'il change votre âme, il changera son sort.
La paix dès ce moment n'est plus désespérée :

Puisque Créon la veut, je la tiens assurée.
Bientôt ces cœurs de fer se verront adoucis :
Le vainqueur de Créon peut bien vaincre mes fils.
(*À Étéocle.*)
Qu'un si grand changement vous désarme et vous touche ;
Quittez, mon fils, quittez cette haine farouche ;
Soulagez une mère, et consolez Créon :
Rendez-moi Polynice, et lui rendez Hémon.

Étéocle
Mais enfin c'est vouloir que je m'impose un maître.
Vous ne l'ignorez pas, Polynice veut l'être ;
Il demande surtout le pouvoir souverain,
Et ne veut revenir que le sceptre à la main.

Scène V

Jocaste, Étéocle, Antigone, Créon, Attale

Attale
Polynice, Seigneur, demande une entrevue ;
C'est ce que d'un héraut nous apprend la venue.
Il vous offre, Seigneur, ou de venir ici,
Ou d'attendre en son camp.

Créon
Peut-être qu'adouci
Il songe à terminer une guerre si lente,
Et son ambition n'est plus si violente.
Par ce dernier combat il apprend aujourd'hui
Que vous êtes au moins aussi puissant que lui.
Les Grecs mêmes sont las de servir sa colère,
Et j'ai su depuis peu que le roi son beau-père,
Préférant à la guerre un solide repos,
Se réserve Mycène, et le fait roi d'Argos.
Tout courageux qu'il est, sans doute il ne souhaite
Que de faire en effet une honnête retraite.
Puisqu'il s'offre à vous voir, croyez qu'il veut la paix.
Ce jour la doit conclure ou la rompre à jamais.
Tâchez dans ce dessein de l'affermir vous-même,
Et lui promettez tout, hormis le diadème.

Étéocle
Hormis le diadème, il ne demande rien.

Jocaste
Mais voyez-le du moins.

Créon
Oui, puisqu'il le veut bien
Vous ferez plus tout seul que nous ne saurions faire,
Et le sang reprendra son empire ordinaire.

Étéocle
Allons donc le chercher.

Jocaste
Mon fils, au nom des dieux,
Attendez-le plutôt. Voyez-le dans ces lieux.

Étéocle
Eh bien, Madame, eh bien ! qu'il vienne, et qu'on lui donne
Toutes les sûretés qu'il faut pour sa personne.
Allons.

Antigone
Ah ! si ce jour rend la paix aux Thébains,
Elle sera, Créon, l'ouvrage de vos mains.

Scène VI

Créon, Attale

Créon
L'intérêt des Thébains n'est pas ce qui vous touche,
Dédaigneuse princesse ; et cette âme farouche,
Qui semble me flatter après tant de mépris,
Songe moins à la paix qu'au retour de mon fils.
Mais nous verrons bientôt si la fière Antigone
Aussi bien que mon cœur dédaignera le trône ;
Nous verrons, quand les dieux m'auront fait votre roi,
Si ce fils bienheureux l'emportera sur moi.

Attale
Et qui n'admirerait un changement si rare ?
Créon même, Créon pour la paix se déclare !

Créon
Tu crois donc que la paix est l'objet de mes soins ?

Attale
Oui, je le crois, Seigneur, quand j'y pensais le moins ;
Et voyant qu'en effet ce beau soin vous anime,
J'admire à tous moments cet effort magnanime
Qui vous fait mettre enfin votre haine au tombeau.
Ménécée, en mourant, n'a rien fait de plus beau ;
Et qui peut immoler sa haine à sa patrie
Lui pourrait bien aussi sacrifier sa vie.

Créon
Ah ! sans doute, qui peut d'un généreux effort

Aimer son ennemi peut bien aimer la mort.
Quoi ? je négligerais le soin de ma vengeance,
Et de mon ennemi je prendrais la défense ?
De la mort de mon fils Polynice est l'auteur,
Et moi je deviendrais son lâche protecteur ?
Quand je renoncerais à cette haine extrême,
Pourrais-je bien cesser d'aimer le diadème ?
Non, non : tu me verras, d'une constante ardeur,
Haïr mes ennemis et chérir ma grandeur.
Le trône fit toujours mes ardeurs les plus chères :
Je rougis d'obéir où régnèrent mes pères,
Je brûle de me voir au rang de mes aïeux,
Et je l'envisageai dès que j'ouvris les yeux.
Surtout depuis deux ans, ce noble soin m'inspire ;
Je ne fais point de pas qui ne tende à l'empire.
Des princes mes neveux j'entretiens la fureur,
Et mon ambition autorise la leur.
D'Étéocle d'abord j'appuyai l'injustice ;
Je lui fis refuser le trône à Polynice.
Tu sais que je pensais dès lors à m'y placer ;
Et je l'y mis, Attale, afin de l'en chasser.

Attale
Mais, Seigneur, si la guerre eut pour vous tant de charmes,
D'où vient que de leurs mains vous arrachez les armes ?
Et puisque leur discorde est l'objet de vos vœux,
Pourquoi par vos conseils vont-ils se voir tous deux ?

Créon
Plus qu'à mes ennemis la guerre m'est mortelle,
Et le courroux du ciel me la rend trop cruelle.
Il s'arme contre moi de mon propre dessein,
Il se sert de mon bras pour me percer le sein.
La guerre s'allumait lorsque pour mon supplice
Hémon m'abandonna pour servir Polynice ;
Les deux frères par moi devinrent ennemis,

Et je devins, Attale, ennemi de mon fils.
Enfin, ce même jour, je fais rompre la trêve,
J'excite le soldat, tout le camp se soulève,
On se bat ; et voilà qu'un fils désespéré
Meurt, et rompt un combat que j'ai tant préparé.
Mais il me reste un fils, et je sens que je l'aime,
Tout rebelle qu'il est, et tout mon rival même.
Sans le perdre, je veux perdre mes ennemis.
Il m'en coûterait trop, s'il m'en coûtait deux fils.
Des deux princes d'ailleurs la haine est trop puissante :
Ne crois pas qu'à la paix jamais elle consente.
Moi-même je saurai si bien l'envenimer,
Qu'ils périront tous deux plutôt que de s'aimer,
Les autres ennemis n'ont que de courtes haines,
Mais quand de la nature on a brisé les chaînes,
Cher Attale, il n'est rien qui puisse réunir
Ceux que des nœuds si forts n'ont pas su retenir :
L'on hait avec excès lorsque l'on hait un frère.
Mais leur éloignement ralentit leur colère ;
Quelque haine qu'on ait contre un fier ennemi,
Quand il est loin de nous on la perd à demi.
Ne t'étonne donc plus si je veux qu'ils se voient :
Je veux qu'en se voyant leurs fureurs se déploient,
Que rappelant leur haine, au lieu de la chasser,
Ils s'étouffent, Attale, en voulant s'embrasser.

Attale
Vous n'avez plus, Seigneur, à craindre que vous-même :
On porte ses remords avec le diadème.

Créon
Quand on est sur le trône, on a bien d'autres soins,
Et les remords sont ceux qui nous pèsent le moins.
Du plaisir de régner une âme possédée
De tout le temps passé détourne son idée ;
Et de tout autre objet un esprit éloigné

Croit n'avoir point vécu tant qu'il n'a point régné.
Mais allons. Le remords n'est pas ce qui me touche,
Et je n'ai plus un cœur que le crime effarouche :
Tous les premiers forfaits coûtent quelques efforts
Mais, Attale, on commet les seconds sans remords.

Acte IV

Scène I

Étéocle, Créon

Étéocle
Oui, Créon, c'est ici qu'il doit bientôt se rendre,
Et tous deux en ce lieu nous le pouvons attendre.
Nous verrons ce qu'il veut ; mais je répondrais bien
Que par cette entrevue on n'avancera rien.
Je connais Polynice et son humeur altière :
Je sais bien que sa haine est encor toute entière,
Je ne crois pas qu'on puisse en arrêter le cours,
Et pour moi, je sens bien que je le hais toujours.

Créon
Mais s'il vous cède enfin la grandeur souveraine,
Vous devez, ce me semble, apaiser votre haine.

Étéocle
Je ne sais si mon cœur s'apaisera jamais :
Ce n'est pas son orgueil, c'est lui seul que je hais.
Nous avons l'un et l'autre une haine obstinée :
Elle n'est pas, Créon, l'ouvrage d'une année,
Elle est née avec nous, et sa noire fureur
Aussitôt que la vie entra dans notre cœur.
Nous étions ennemis dès la plus tendre enfance ;
Que dis-je ? nous l'étions avant notre naissance.
Triste et fatal effet d'un sang incestueux !
Pendant qu'un même sein nous renfermait tous deux,
Dans les flancs de ma mère une guerre intestine
De nos divisions lui marqua l'origine.
Elles ont, tu le sais, paru dans le berceau,

Et nous suivront peut-être encor dans le tombeau.
On dirait que le ciel, par un arrêt funeste,
Voulut de nos parents punir ainsi l'inceste,
Et que dans notre sang il voulut mettre au jour
Tout ce qu'ont de plus noir et la haine et l'amour.
Et maintenant, Créon, que j'attends sa venue,
Ne crois pas que pour lui ma haine diminue :
Plus il approche, et plus il me semble odieux,
Et sans doute il faudra qu'elle éclate à ses yeux.
J'aurais même regret qu'il me quittât l'empire :
Il faut, il faut qu'il fuie, et non qu'il se retire.
Je ne veux point, Créon, le haïr à moitié,
Et je crains son courroux moins que son amitié.
Je veux, pour donner cours à mon ardente haine,
Que sa fureur au moins autorise la mienne ;
Et puisqu'enfin mon cœur ne saurait se trahir,
Je veux qu'il me déteste afin de le haïr.
Tu verras que sa rage est encore la même,
Et que toujours son cœur aspire au diadème ;
Qu'il m'abhorre toujours, et veut toujours régner ;
Et qu'on peut bien le vaincre, et non pas le gagner.

Créon
Domptez-le donc, Seigneur, s'il demeure inflexible.
Quelque fier qu'il puisse être, il n'est pas invincible,
Et puisque la raison ne peut rien sur son cœur,
Éprouvez ce que peut un bras toujours vainqueur.
Oui, quoique dans la paix je trouvasse des charmes,
Je serai le premier à reprendre les armes,
Et si je demandais qu'on en rompît le cours,
Je demande encor plus que vous régniez toujours.
Que la guerre s'enflamme et jamais ne finisse,
S'il faut avec la paix recevoir Polynice.
Qu'on ne nous vienne plus vanter un bien si doux ;
La guerre et ses horreurs nous plaisent avec vous.
Tout le peuple thébain vous parle par ma bouche ;

Ne le soumettez pas à ce prince farouche :
Si la paix se peut faire, il la veut comme moi ;
Surtout, si vous l'aimez, conservez-lui son roi.
Cependant écoutez le prince votre frère,
Et s'il se peut, Seigneur, cachez votre colère ;
Feignez… Mais quelqu'un vient.

Scène II

Étéocle, Créon, Attale

Étéocle
Sont-ils bien près d'ici ?
Vont-ils venir, Attale ?

Attale
Oui, Seigneur, les voici.
Ils ont trouvé d'abord la princesse et la reine,
Et bientôt ils seront dans la chambre prochaine.

Étéocle
Qu'ils entrent. Cette approche excite mon courroux.
Qu'on hait un ennemi quand il est près de nous !

Créon
Ah ! le voici ! Fortune, achève mon ouvrage,
Et livre-les tous deux aux transports de leur rage !

Scène III

Jocaste, Étéocle, Polynice, Antigone, Créon, Hémon

Jocaste
Me voici donc tantôt au comble de mes vœux,
Puisque déjà le ciel vous rassemble tous deux.
Vous revoyez un frère, après deux ans d'absence,
Dans ce même palais où vous prîtes naissance ;
Et moi, par un bonheur où je n'osais penser,
L'un et l'autre à la fois je vous puis embrasser.
Commencez donc, mes fils, cette union si chère,
Et que chacun de vous reconnaisse son frère :
Tous deux dans votre frère envisagez vos traits :
Mais pour en mieux juger, voyez-les de plus près,
Surtout que le sang parle et fasse son office.
Approchez, Étéocle ; avancez, Polynice...
Hé quoi ? loin d'approcher, vous reculez tous deux ?
D'où vient ce sombre accueil et ces regards fâcheux ?
N'est-ce point que chacun, d'une âme irrésolue,
Pour saluer son frère attend qu'il le salue,
Et qu'affectant l'honneur de céder le dernier,
L'un ni l'autre ne veut s'embrasser le premier ?
Étrange ambition qui n'aspire qu'au crime,
Où le plus furieux passe pour magnanime !
Le vainqueur doit rougir en ce combat honteux,
Et les premiers vaincus sont les plus généreux.
Voyons donc qui des deux aura plus de courage,
Qui voudra le premier triompher de sa rage...
Quoi ? vous n'en faites rien ? C'est à vous d'avancer,
Et venant de si loin vous devez commencer :
Commencez, Polynice, embrassez votre frère,

Et montrez...

Étéocle
Hé, Madame ! à quoi bon ce mystère ?
Tous ces embrassements ne sont guère à propos :
Qu'il parle, qu'il s'explique, et nous laisse en repos.

Polynice
Quoi ? faut-il davantage expliquer mes pensées ?
On les peut découvrir par les choses passées :
La guerre, les combats, tant de sang répandu,
Tout cela dit assez que le trône m'est dû.

Étéocle
Et ces mêmes combats, et cette même guerre,
Ce sang qui tant de fois a fait rougir la terre,
Tout cela dit assez que le trône est à moi ;
Et tant que je respire, il ne peut être à toi.

Polynice
Tu sais qu'injustement tu remplis cette place.

Étéocle
L'injustice me plaît, pourvu que je t'en chasse.

Polynice
Si tu n'en veux sortir, tu pourras en tomber.

Étéocle
Si je tombe, avec moi tu pourras succomber.

Jocaste
Ô dieux ! que je me vois cruellement déçue !
N'avais-je tant pressé cette fatale vue,
Que pour les désunir encor plus que jamais ?
Ah ! mes fils, est-ce là comme on parle de paix ?

Quittez, au nom des dieux, ces tragiques pensées.
Ne renouvelez point vos discordes passées :
Vous n'êtes pas ici dans un champ inhumain.
Est-ce moi qui vous mets les armes à la main ?
Considérez ces lieux où vous prîtes naissance :
Leur aspect sur vos cœurs n'a-t-il point de puissance ?
C'est ici que tous deux vous reçûtes le jour ;
Tout ne vous parle ici que de paix et d'amour :
Ces princes, votre sœur, tout condamne vos haines,
Enfin moi, qui pour vous pris toujours tant de peines,
Qui pour vous réunir immolerais... Hélas !
Ils détournent la tête, et ne m'écoutent pas !
Tous deux, pour s'attendrir, ils ont l'âme trop dure ;
Ils ne connaissent plus la voix de la nature,
(À Polynice.)
Et vous, que je croyais plus doux et plus soumis...

Polynice
Je ne veux rien de lui que ce qu'il m'a promis :
Il ne saurait régner sans se rendre parjure.

Jocaste
Une extrême justice est souvent une injure.
Le trône vous est dû, je n'en saurais douter ;
Mais vous le renversez en voulant y monter.
Ne vous lassez-vous point de cette affreuse guerre ?
Voulez-vous sans pitié désoler cette terre,
Détruire cet empire afin de le gagner ?
Est-ce donc sur des morts que vous voulez régner ?
Thèbes avec raison craint le règne d'un prince
Qui de fleuves de sang inonde sa province.
Voudrait-elle obéir à votre injuste loi ?
Vous êtes son tyran avant qu'être son roi.
Dieux ! si devenant grand souvent on devient pire,
Si la vertu se perd quand on gagne l'empire,
Lorsque vous régnerez, que serez-vous, hélas !

Si vous êtes cruel quand vous ne régnez pas ?

Polynice
Ah ! si je suis cruel, on me force de l'être ;
Et de mes actions je ne suis pas le maître.
J'ai honte des horreurs où je me vois contraint,
Et c'est injustement que le peuple me craint.
Mais il faut en effet soulager ma patrie ;
De ses gémissements mon âme est attendrie.
Trop de sang innocent se verse tous les jours,
Il faut de ses malheurs que j'arrête le cours ;
Et sans faire gémir ni Thèbes ni la Grèce,
À l'auteur de mes maux il faut que je m'adresse :
Il suffit aujourd'hui de son sang ou du mien.

Jocaste
Du sang de votre frère ?

Polynice
Oui, Madame, du sien.
Il faut finir ainsi cette guerre inhumaine.
Oui, cruel, et c'est là le dessein qui m'amène,
Moi-même à ce combat j'ai voulu t'appeler ;
À tout autre qu'à toi je craignais d'en parler :
Tout autre aurait voulu condamner ma pensée,
Et personne en ces lieux ne te l'eût annoncée.
Je te l'annonce donc. C'est à toi de prouver
Si ce que tu ravis tu le sais conserver.
Montre-toi digne enfin d'une si belle proie.

Étéocle
J'accepte ton dessein, et l'accepte avec joie.
Créon sait là-dessus quel était mon désir :
J'eusse accepté le trône avec moins de plaisir.
Je te crois maintenant digne du diadème,
Et te le vais porter au bout de ce fer même.

Jocaste
Hâtez-vous donc, cruels, de me percer le sein,
Et commencez par moi votre horrible dessein.
Ne considérez point que je suis votre mère,
Considérez en moi celle de votre frère.
Si de votre ennemi vous recherchez le sang,
Recherchez-en la source en ce malheureux flanc.
Je suis de tous les deux la commune ennemie,
Puisque votre ennemi reçut de moi la vie.
Cet ennemi, sans moi, ne verrait pas le jour ;
S'il meurt, ne faut-il pas que je meure à mon tour ?
N'en doutez point, sa mort me doit être commune ;
Il faut en donner deux, ou n'en donner pas une ;
Et sans être ni doux ni cruel à demi,
Il faut me perdre, ou bien sauver votre ennemi.
Si la vertu vous plaît, si l'honneur vous anime,
Barbares, rougissez de commettre un tel crime ;
Ou si le crime enfin vous plaît tant à chacun,
Barbares, rougissez de n'en commettre qu'un.
Aussi bien, ce n'est point que l'amour vous retienne
Si vous sauvez ma vie en poursuivant la sienne :
Vous vous garderiez bien, cruels, de m'épargner,
Si je vous empêchais un moment de régner.
Polynice, est-ce ainsi que l'on traite une mère ?

Polynice
J'épargne mon pays.

Jocaste
Et vous tuez un frère !

Polynice
Je punis un méchant.

Jocaste

Et sa mort, aujourd'hui,
Vous rendra plus coupable et plus méchant que lui.

Polynice
Faut-il que de ma main je couronne ce traître,
Et que de cour en cour j'aille chercher un maître ?
Qu'errant et vagabond je quitte mes États,
Pour observer des lois qu'il ne respecte pas ?
De ses propres forfaits serai-je la victime ?
Le diadème est-il le partage du crime ?
Quel droit ou quel devoir n'a-t-il point violé ?
Et cependant il règne, et je suis exilé !

Jocaste
Mais si le roi d'Argos vous cède une couronne...

Polynice
Dois-je chercher ailleurs ce que le sang me donne ?
En m'alliant chez lui n'aurai-je rien porté ?
Et tiendrai-je mon rang de sa seule bonté ?
D'un trône qui m'est dû faut-il que l'on me chasse,
Et d'un prince étranger que je brigue la place ?
Non, non : sans m'abaisser à lui faire la cour,
Je veux devoir le sceptre à qui je dois le jour.

Jocaste
Qu'on le tienne, mon fils, d'un beau-père ou d'un père,
La main de tous les deux vous sera toujours chère.

Polynice
Non, non, la différence est trop grande pour moi :
L'un me ferait esclave, et l'autre me fait roi.
Quoi ? ma grandeur serait l'ouvrage d'une femme ?
D'un éclat si honteux je rougirais dans l'âme.
Le trône, sans l'amour, me serait donc fermé ?
Je ne régnerais pas si l'on ne m'eût aimé ?

Je veux m'ouvrir le trône ou jamais n'y paraître ;
Et quand j'y monterai, j'y veux monter en maître,
Que le peuple à moi seul soit forcé d'obéir,
Et qu'il me soit permis de m'en faire haïr.
Enfin, de ma grandeur je veux être l'arbitre,
N'être point roi, Madame, ou l'être à juste titre ;
Que le sang me couronne ; ou, s'il ne suffit pas,
Je veux à son secours n'appeler que mon bras.

Jocaste
Faites plus, tenez tout de votre grand courage ;
Que votre bras tout seul fasse votre partage,
Et dédaignant les pas des autres souverains,
Soyez, mon fils, soyez l'ouvrage de vos mains.
Par d'illustres exploits couronnez-vous vous-même,
Qu'un superbe laurier soit votre diadème ;
Régnez et triomphez, et joignez à la fois
La gloire des héros à la pourpre des rois.
Quoi ? votre ambition serait-elle bornée
À régner tour à tour l'espace d'une année ?
Cherchez à ce grand cœur, que rien ne peut dompter,
Quelque trône où vous seul ayez droit de monter.
Mille sceptres nouveaux s'offrent à votre épée,
Sans que d'un sang si cher nous la voyions trempée.
Vos triomphes pour moi n'auront rien que de doux,
Et votre frère même ira vaincre avec vous.

Polynice
Vous voulez que mon cœur, flatté de ces chimères,
Laisse un usurpateur au trône de mes pères ?

Jocaste
Si vous lui souhaitez en effet tant de mal,
Élevez-le vous-même à ce trône fatal.
Ce trône fut toujours un dangereux abîme ;
La foudre l'environne aussi bien que le crime ;

Votre père et les rois qui vous ont devancés,
Sitôt qu'ils y montaient, s'en sont vus renversés.

Polynice
Quand je devrais au ciel rencontrer le tonnerre,
J'y monterais plutôt que de ramper à terre.
Mon cœur, jaloux du sort de ces grands malheureux,
Veut s'élever, Madame, et tomber avec eux.

Étéocle
Je saurai t'épargner une chute si vaine.

Polynice
Ah ! ta chute, crois-moi, précédera la mienne !

Jocaste
Mon fils, son règne plaît.

Polynice
Mais il m'est odieux.

Jocaste
Il a pour lui le peuple.

Polynice
Et j'ai pour moi les dieux.

Étéocle
Les dieux de ce haut rang te voulaient interdire,
Puisqu'ils m'ont élevé le premier à l'empire.
Ils ne savaient que trop, lorsqu'ils firent ce choix,
Qu'on veut régner toujours quand on règne une fois.
Jamais dessus le trône on ne vit plus d'un maître.
Il n'en peut tenir deux, quelque grand qu'il puisse être :
L'un des deux, tôt ou tard, se verrait renversé,
Et d'un autre soi-même on y serait pressé.

Jugez donc, par l'horreur que ce méchant me donne,
Si je puis avec lui partager la couronne.

Polynice
Et moi je ne veux plus, tant tu m'es odieux,
Partager avec toi la lumière des cieux.

Jocaste
Allez donc, j'y consens, allez perdre la vie ;
À ce cruel combat tous deux je vous convie ;
Puisque tous mes efforts ne sauraient vous changer,
Que tardez-vous ? allez vous perdre et me venger.
Surpassez, s'il se peut, les crimes de vos pères ;
Montrez, en vous tuant, comme vous êtes frères :
Le plus grand des forfaits vous a donné le jour,
Il faut qu'un crime égal vous l'arrache à son tour.
Je ne condamne plus la fureur qui vous presse ;
Je n'ai plus pour mon sang ni pitié ni tendresse :
Votre exemple m'apprend à ne le plus chérir
Et moi je vais, cruels, vous apprendre à mourir.

Antigone
Madame... Ô ciel ! que vois-je ? Hélas ! rien ne les touche !

Hémon
Rien ne peut ébranler leur constance farouche.

Antigone
Princes...

Étéocle
Pour ce combat, choisissons quelque lieu.

Polynice
Courons. Adieu, ma sœur.

Étéocle
Adieu, Princesse, adieu.

Antigone
Mes frères, arrêtez ! Gardes, qu'on les retienne ;
Joignez, unissez tous vos douleurs à la mienne.
C'est leur être cruels que de les respecter.

Hémon
Madame, il n'est plus rien qui les puisse arrêter.

Antigone
Ah ! généreux Hémon, c'est vous seul que j'implore.
Si la vertu vous plaît, si vous m'aimez encore,
Et qu'on puisse arrêter leurs parricides mains,
Hélas ! pour me sauver, sauvez ces inhumains.

Acte V

Scène I

Antigone, *seule.*
À quoi te résous-tu, princesse infortunée ?
Ta mère vient de mourir dans tes bras ;
Ne saurais-tu suivre ses pas,
Et finir en mourant ta triste destinée ?
À de nouveaux malheurs te veux-tu réserver ?
Tes frères sont aux mains, rien ne les peut sauver
De leurs cruelles armes.
Leur exemple t'anime à te percer le flanc ;
Et toi seule verses des larmes,
Tous les autres versent du sang.
Quelle est de mes malheurs l'extrémité mortelle ?
Où ma douleur doit-elle recourir ?
Dois-je vivre ? dois-je mourir ?
Un amant me retient, une mère m'appelle :
Dans la nuit du tombeau je la vois qui m'attend ;
Ce que veut la raison, l'amour me le défend
Et m'en ôte l'envie.
Que je vois de sujets d'abandonner le jour !
Mais, hélas ! qu'on tient à la vie,
Quand on tient si fort à l'amour !
Oui, tu retiens, Amour, mon âme fugitive ;
Je reconnais la voix de mon vainqueur :
L'espérance est morte en mon cœur,
Et cependant tu vis, et tu veux que je vive ;
Tu dis que mon amant me suivrait au tombeau,
Que je dois de mes jours conserver le flambeau
Pour sauver ce que j'aime.
Hémon, vois le pouvoir que l'amour a sur moi :
Je ne vivrais pas pour moi-même,

Et je veux bien vivre pour toi.
Si jamais tu doutas de ma flamme fidèle…
Mais voici du combat la funeste nouvelle.

Scène II

Antigone, Olympe

Antigone
Eh bien ! ma chère Olympe, as-tu vu ce forfait ?

Olympe
J'y suis courue en vain, c'en était déjà fait.
Du haut de nos remparts j'ai vu descendre en larmes
Le peuple qui courait et qui criait aux armes ;
Et pour vous dire enfin d'où venait sa terreur,
Le roi n'est plus, Madame, et son frère est vainqueur.
On parle aussi d'Hémon : l'on dit que son courage
S'est efforcé longtemps de suspendre leur rage,
Mais que tous ses efforts ont été superflus.
C'est ce que j'ai compris de mille bruits confus.

Antigone
Ah ! je n'en doute pas, Hémon est magnanime ;
Son grand cœur eut toujours trop d'horreur pour le crime.
Je l'avais conjuré d'empêcher ce forfait,
Et s'il l'avait pu faire, Olympe, il l'aurait fait.
Mais, hélas ! leur fureur ne pouvait se contraindre :
Dans des ruisseaux de sang elle voulait s'éteindre.
Princes dénaturés, vous voilà satisfaits :
La mort seule entre vous pouvait mettre la paix.
Le trône pour vous deux avait trop peu de place ;
Il fallait entre vous mettre un plus grand espace,
Et que le ciel vous mît, pour finir vos discords,
L'un parmi les vivants, l'autre parmi les morts.
Infortunés tous deux, dignes qu'on vous déplore !

Moins malheureux pourtant que je ne suis encore,
Puisque de tous les maux qui sont tombés sur nous,
Vous n'en sentez aucun, et que je les sens tous !

Olympe
Mais pour vous ce malheur est un moindre supplice
Que si la mort vous eût enlevé Polynice.
Ce prince était l'objet qui faisait tous vos soins ;
Les intérêts du roi vous touchaient beaucoup moins.

Antigone
Il est vrai, je l'aimais d'une amitié sincère ;
Je l'aimais beaucoup plus que je n'aimais son frère,
Et, ce qui lui donnait tant de part dans mes vœux,
Il était vertueux, Olympe, et malheureux.
Mais, hélas ! ce n'est plus ce cœur si magnanime,
Et c'est un criminel qu'a couronné son crime.
Son frère plus que lui commence à me toucher :
Devenant malheureux, il m'est devenu cher.

Olympe
Créon vient.

Antigone
Il est triste ; et j'en connais la cause :
Au courroux du vainqueur la mort du roi l'expose.
C'est de tous nos malheurs l'auteur pernicieux.

Scène III

Antigone, Créon, Olympe, Attale, Gardes

Créon
Madame, qu'ai-je appris en entrant dans ces lieux ?
Est-il vrai que la reine…

Antigone
Oui, Créon, elle est morte.

Créon
Ô dieux ! puis-je savoir de quelle étrange sorte
Ses jours infortunés ont éteint leur flambeau ?

Olympe
Elle-même, Seigneur, s'est ouvert le tombeau,
Et s'étant d'un poignard en un moment saisie,
Elle en a terminé ses malheurs et sa vie.

Antigone
Elle a su prévenir la perte de son fils.

Créon
Ah ! Madame, il est vrai que les dieux ennemis…

Antigone
N'imputez qu'à vous seul la mort du roi mon frère,
Et n'en accusez point la céleste colère.
À ce combat fatal vous seul l'avez conduit :
Il a cru vos conseils, sa mort en est le fruit.
Ainsi de leurs flatteurs les rois sont les victimes ;

Vous avancez leur perte en approuvant leurs crimes ;
De la chute des rois vous êtes les auteurs ;
Mais les rois en tombant entraînent leurs flatteurs.
Vous le voyez, Créon, sa disgrâce mortelle
Vous est funeste autant qu'elle nous est cruelle :
Le ciel, en le perdant, s'en est vengé sur vous,
Et vous avez peut-être à pleurer comme nous.

Créon
Madame, je l'avoue ; et les destins contraires
Me font pleurer deux fils si vous pleurez deux frères.

Antigone
Mes frères et vos fils ? Dieux ! que veut ce discours ?
Quelque autre qu'Étéocle a-t-il fini ses jours ?

Créon
Mais ne savez-vous pas cette sanglante histoire ?

Antigone
J'ai su que Polynice a gagné la victoire,
Et qu'Hémon a voulu les séparer en vain.

Créon
Madame, ce combat est bien plus inhumain.
Vous ignorez encor mes pertes et les vôtres.
Mais, hélas ! apprenez les unes et les autres.

Antigone
Rigoureuse Fortune, achève ton courroux !
Ah ! sans doute, voici le dernier de tes coups.

Créon
Vous avez vu, Madame, avec quelle furie
Les deux princes sortaient pour s'arracher la vie,
Que d'une ardeur égale ils fuyaient de ces lieux,

Et que jamais leurs cœurs ne s'accordèrent mieux.
La soif de se baigner dans le sang de leur frère
Faisait ce que jamais le sang n'avait su faire :
Par l'excès de leur haine ils semblaient réunis,
Et prêts à s'égorger, ils paraissaient amis.
Ils ont choisi d'abord pour leur champ de bataille,
Un lieu près des deux camps, au pied de la muraille.
C'est là que reprenant leur première fureur
Ils commencent enfin ce combat plein d'horreur.
D'un geste menaçant, d'un œil brûlant de rage,
Dans le sein l'un de l'autre ils cherchent un passage,
Et la seule fureur précipitant leurs bras,
Tous deux semblent courir au-devant du trépas.
Mon fils, qui de douleur en soupirait dans l'âme,
Et qui se souvenait de vos ordres, Madame,
Se jette au milieu d'eux, et méprise pour vous
Leurs ordres absolus qui nous arrêtaient tous.
Il leur retient le bras, les repousse, les prie,
Et pour les séparer s'expose à leur furie.
Mais il s'efforce en vain d'en arrêter le cours,
Et ces deux furieux se rapprochent toujours.
Il tient ferme pourtant, et ne perd point courage ;
De mille coups mortels il détourne l'orage,
Jusqu'à ce que du roi le fer trop rigoureux,
Soit qu'il cherchât son frère, ou ce fils malheureux,
Le renverse à ses pieds prêt à rendre la vie.

Antigone
Et la douleur encor ne me l'a pas ravie !

Créon
J'y cours, je le relève, et le prends dans mes bras ;
Et me reconnaissant : « *Je meurs*, dit-il tout bas,
Trop heureux d'expirer pour ma belle princesse.
En vain à mon secours votre amitié s'empresse :
C'est à ces furieux que vous devez courir ;

Séparez-les, mon père, et me laissez mourir ».
Il expire à ces mots. Ce barbare spectacle
À leur noire fureur n'apporte point d'obstacle ;
Seulement Polynice en paraît affligé :
« *Attends, Hémon*, dit-il, *tu vas être vengé* ».
En effet sa douleur renouvelle sa rage,
Et bientôt le combat tourne à son avantage.
Le roi, frappé d'un coup qui lui perce le flanc,
Lui cède la victoire et tombe dans son sang.
Les deux camps aussitôt s'abandonnent en proie,
Le nôtre à la douleur, et les Grecs à la joie ;
Et le peuple, alarmé du trépas de son roi,
Sur le haut de ses tours témoigne son effroi.
Polynice, tout fier du succès de son crime,
Regarde avec plaisir expirer sa victime ;
Dans le sang de son frère il semble se baigner :
« *Et tu meurs*, lui dit-il, *et moi je vais régner.*
Regarde dans mes mains l'empire et la victoire ;
Va rougir aux enfers de l'excès de ma gloire ;
Et pour mourir encore avec plus de regret,
Traître, songe en mourant que tu meurs mon sujet ».
En achevant ces mots, d'une démarche fière
Il s'approche du roi couché sur la poussière,
Et pour le désarmer il avance le bras.
Le roi, qui semble mort, observe tous ses pas ;
Il le voit, il l'attend, et son âme irritée
Pour quelque grand dessein semble s'être arrêtée.
L'ardeur de se venger flatte encor ses désirs,
Et retarde le cours de ses derniers soupirs.
Prêt à rendre la vie, il en cache le reste,
Et sa mort au vainqueur est un piège funeste ;
Et dans l'instant fatal que ce frère inhumain
Lui veut ôter le fer qu'il tenait à la main,
Il lui perce le cœur ; et son âme ravie,
En achevant ce coup abandonne la vie.
Polynice frappé pousse un cri dans les airs,

Et son âme en courroux s'enfuit dans les enfers.
Tout mort qu'il est, Madame, il garde sa colère,
Et l'on dirait qu'encore il menace son frère :
Son visage, où la mort a répandu ses traits,
Demeure plus terrible et plus fier que jamais.

Antigone
Fatale ambition, aveuglement funeste !
D'un oracle cruel suite trop manifeste !
De tout le sang royal il ne reste que nous ;
Et plût aux dieux, Créon, qu'il ne restât que vous,
Et que mon désespoir, prévenant leur colère,
Eût suivi de plus près le trépas de ma mère !

Créon
Il est vrai que des dieux le courroux embrasé
Pour nous faire périr semble s'être épuisé ;
Car enfin sa rigueur, vous le voyez, Madame,
Ne m'accable pas moins qu'elle afflige votre âme.
En m'arrachant mes fils...

Antigone
Ah ! vous régnez, Créon,
Et le trône aisément vous console d'Hémon.
Mais laissez-moi, de grâce, un peu de solitude,
Et ne contraignez point ma triste inquiétude.
Aussi bien mes chagrins passeraient jusqu'à vous.
Vous trouverez ailleurs des entretiens plus doux :
Le trône vous attend, le peuple vous appelle ;
Goûtez tout le plaisir d'une grandeur nouvelle.
Adieu. Nous ne faisons tous deux que nous gêner :
Je veux pleurer, Créon, et vous voulez régner.
Créon, arrêtant Antigone.
Ah, Madame ! régnez, et montez sur le trône :
Ce haut rang n'appartient qu'à l'illustre Antigone.

Antigone
Il me tarde déjà que vous ne l'occupiez :
La couronne est à vous.

Créon
Je la mets à vos pieds.

Antigone
Je la refuserais de la main des dieux même,
Et vous osez, Créon, m'offrir le diadème !

Créon
Je sais que ce haut rang n'a rien de glorieux
Qui ne cède à l'honneur de l'offrir à vos yeux.
D'un si noble destin je me connais indigne ;
Mais si l'on peut prétendre à cette gloire insigne,
Si par d'illustres faits on la peut mériter,
Que faut-il faire enfin, Madame ?

Antigone
M'imiter.

Créon
Que ne ferais-je point pour une telle grâce !
Ordonnez seulement ce qu'il faut que je fasse :
Je suis prêt...

Antigone, *en s'en allant.*
Nous verrons.

Créon, *la suivant.*
J'attends vos lois ici.

Antigone, *en s'en allant.*
Attendez.

Attale
Son courroux serait-il adouci ?
Croyez-vous la fléchir ?

Scène IV

Créon, Attale

Créon
Oui, oui, mon cher Attale ;
Il n'est point de fortune à mon bonheur égale,
Et tu vas voir en moi, dans ce jour fortuné,
L'ambitieux au trône, et l'amant couronné.
Je demandais au ciel la princesse et le trône :
Il me donne le sceptre et m'accorde Antigone.
Pour couronner ma tête et ma flamme en ce jour,
Il arme en ma faveur et la haine et l'amour,
Il allume pour moi deux passions contraires :
Il attendrit la sœur, il endurcit les frères,
Il aigrit leur courroux, il fléchit sa rigueur,
Et m'ouvre en même temps et leur trône et son cœur.

Attale
Il est vrai, vous avez toute chose prospère,
Et vous seriez heureux si vous n'étiez point père.
L'ambition, l'amour, n'ont rien à désirer ;
Mais, Seigneur, la nature a beaucoup à pleurer :
En perdant vos deux fils...

Créon
Oui, leur perte m'afflige,
Je sais ce que de moi le rang de père exige,
Je l'étais ; mais surtout j'étais né pour régner,
Et je perds beaucoup moins que je ne crois gagner.
Le nom de père, Attale, est un titre vulgaire :
C'est un don que le ciel ne nous refuse guère.

Un bonheur si commun n'a pour moi rien de doux,
Ce n'est pas un bonheur, s'il ne fait des jaloux.
Mais le trône est un bien dont le ciel est avare ;
Du reste des mortels ce haut rang nous sépare,
Bien peu sont honorés d'un don si précieux :
La terre a moins de rois que le ciel n'a de dieux.
D'ailleurs tu sais qu'Hémon adorait la princesse,
Et qu'elle eut pour ce prince une extrême tendresse.
S'il vivait, son amour au mien serait fatal.
En me privant d'un fils, le ciel m'ôte un rival.
Ne me parle donc plus que de sujets de joie,
Souffre qu'à mes transports je m'abandonne en proie ;
Et sans me rappeler des ombres des enfers,
Dis-moi ce que je gagne, et non ce que je perds.
Parle-moi de régner, parle-moi d'Antigone :
J'aurai bientôt son cœur, et j'ai déjà le trône.
Tout ce qui s'est passé n'est qu'un songe pour moi :
J'étais père et sujet, je suis amant et roi.
La princesse et le trône ont pour moi tant de charmes,
Que... Mais Olympe vient.

Attale
Dieux ! elle est tout en larmes.

Scène V

Créon, Olympe, Attale

Olympe
Qu'attendez-vous, Seigneur ? La princesse n'est plus.

Créon
Elle n'est plus, Olympe ?

Olympe
Ah ! regrets superflus !
Elle n'a fait qu'entrer dans la chambre prochaine,
Et du même poignard dont est morte la reine,
Sans que je pusse voir son funeste dessein,
Cette fière princesse a percé son beau sein.
Elle s'en est, seigneur, mortellement frappée,
Et dans son sang, hélas ! elle est soudain tombée.
Jugez à cet objet ce que j'ai dû sentir.
Mais sa belle âme enfin, toute prête à sortir :
« *Cher Hémon, c'est à toi que je me sacrifie* »,
Dit-elle ; et ce moment a terminé sa vie.
J'ai senti son beau corps tout froid entre mes bras,
Et j'ai cru que mon âme allait suivre ses pas,
Heureuse mille fois, si ma douleur mortelle
Dans la nuit du tombeau m'eût plongée avec elle !
(Elle s'en va.)

Scène dernière

Créon, Attale

Créon
Ainsi donc vous fuyez un amant odieux,
Et vous-même, cruelle, éteignez vos beaux yeux !
Vous fermez pour jamais ces beaux yeux que j'adore,
Et pour ne me point voir, vous les fermez encore !
Quoique Hémon vous fût cher, vous courez au trépas
Bien plus pour m'éviter que pour suivre ses pas.
Mais dussiez-vous encor m'être aussi rigoureuse,
Ma présence aux enfers vous fût-elle odieuse,
Dût après le trépas vivre votre courroux,
Inhumaine, je vais y descendre après vous.
Vous y verrez toujours l'objet de votre haine,
Et toujours mes soupirs vous rediront ma peine,
Ou pour vous adoucir, ou pour vous tourmenter ;
Et vous ne pourrez plus mourir pour m'éviter.
Mourons donc...

Attale *et des gardes.*
Ah ! Seigneur ! quelle cruelle envie...

Créon
Ah ! c'est m'assassiner que me sauver la vie !
Amour, rage, transports, venez à mon secours,
Venez, et terminez mes détestables jours !
De ces cruels amis trompez tous les obstacles.
Toi, justifie, ô ciel, la foi de tes oracles :
Je suis le dernier sang du malheureux Laïus,
Perdez-moi, dieux cruels, ou vous serez déçus.

Reprenez, reprenez cet empire funeste :
Vous m'ôtez Antigone, ôtez-moi tout le reste.
Le trône et vos présents excitent mon courroux ;
Un coup de foudre est tout ce que je veux de vous.
Ne le refusez pas à mes vœux, à mes crimes ;
Ajoutez mon supplice à tant d'autres victimes.
Mais en vain je vous presse, et mes propres forfaits
Me font déjà sentir tous les maux que j'ai faits.
Polynice, Étéocle, Jocaste, Antigone,
Mes fils, que j'ai perdus pour m'élever au trône,
Tant d'autres malheureux dont j'ai causé les maux,
Font déjà dans mon cœur l'office des bourreaux.
Arrêtez... Mon trépas va venger votre perte,
La foudre va tomber, la terre est entr'ouverte,
Je ressens à la fois mille tourments divers,
Et je m'en vais chercher du repos aux enfers.
(Il tombe entre les mains des gardes.)